LAS ROCAS

ROCAS SEDIMENTARIAS

CHRIS OXLADE

Chicago, Illinois

www.heinemannraintree.com
Visit our website to find out
more information about
Heinemann-Raintree books.

To order:

☎ Phone 888-454-2279

🖥 Visit www.heinemannraintree.com
to browse our catalog and order online.

Edited by Louise Galpine and Diyan Leake
Designed by Victoria Allen
Illustrated by Geoff Ward and KJA artists
Picture research by Hannah Taylor
Originated by Capstone Global Library Ltd
Printed and bound in China by CTPS
Translation into Spanish by DoubleOPublishing Services

15 14 13 12 11
10 9 8 7 6 5 4 3 2 1

Library of Congress Cataloging-in-Publication Data
Oxlade, Chris.
  [Sedimentary rocks. Spanish]
  Rocas sedimentarias / Chris Oxlade.
     p. cm. -- (Las rocas)
  Includes bibliographical references and index.
  ISBN 978-1-4329-5654-7 (hardcover) -- ISBN 978-1-4329-
5662-2 (pbk.)
  1. Sedimentary rocks--Juvenile literature. 2. Petrology--
Juvenile literature. I. Title.
  QE471.O9518 2011
  552'.5--dc22
                    2011009784

Acknowledgments
The author and publisher are grateful to the following for
permission to reproduce copyright material: Alamy Images
pp. **4** (© Mira), **10** (© Kevin Allen), **11** (© NASA/Landsat/
Phil Degginger), **14** (© All Canada Photos), **21** (© Niels
Poulsen mus); © Capstone Publishers p. **29** (Karon Dubke);
Corbis p. **7** (Frans Lanting); istockphoto p. **18** (© Peter
Mukherjee); Photolibrary pp. **9** (Britain on View/Fran Halsall);
12 (imagebroker rf/Gerhard Zwerger-Schoner), **13** (Markus
Keller), **20** (Emilio Ereza), **25** (Britain on View/David Noton),
26 (Peter Arnold Images/Ray Pfortner), Science Photo Library
pp. **5** (Eye of Science), **8** (David Parker), **16** (Andrew Lambert
Photography), **17** (Dirk Wiersma).

Cover photograph of Grand Canyon National Park, Arizona,
reproduced with permission of Photolibrary (Dan Leffel).

We would like to thank Dr. Stuart Robinson for his invaluable
help in the preparation of this book.

Every effort has been made to contact copyright holders of
any material reproduced in this book. Any omissions will
be rectified in subsequent printings if notice is given to
the publisher.

CONTENIDO

Las profesiones y las rocas

Averigua sobre el trabajo vinculado con el estudio de las rocas.

Consejo de ciencias

Fíjate en nuestros interesantes consejos para saber más sobre las rocas.

¡Cálculos rocosos!

Descubre los números asombrosos del mundo de las rocas.

Biografía

Lee sobre la vida de las personas que han realizado descubrimientos importantes en el estudio de las rocas.

Algunas palabras aparecen en negrita, **como éstas**.
Puedes averiguar sus significados en el glosario de la página 30.

¿QUÉ SON LAS ROCAS SEDIMENTARIAS?

Imagina un río, de color marrón debido al lodo, que fluye hacia el mar. El lodo se asienta en el fondo del mar. Se va enterrando lentamente, a medida que más lodo baja desde el río. Durante millones de años, una **presión** intensa expulsa el agua y convierte el lodo en roca nueva. El lodo se denomina **sedimento** y la roca nueva se denomina roca sedimentaria. Las rocas sedimentarias son uno de los tipos de roca que forman la Tierra.

MINERALES Y CRISTALES

Todas las rocas, no solo las rocas sedimentarias, están hechas de materiales llamados **minerales**. Algunas rocas están compuestas por un único mineral, pero la mayoría está compuesta por una mezcla de minerales diferentes.

Los minerales mismos están compuestos por **átomos**. En todos los minerales, los átomos están perfectamente ordenados en hileras y columnas. Los materiales cuyos átomos están ordenados así se denominan **cristales**.

En el Parque Nacional Malpaís, en Dakota del Sur, se pueden ver varias capas de diferentes colores de rocas sedimentarias.

Constantemente se forman rocas sedimentarias nuevas, y las rocas sedimentarias antiguas se destruyen todo el tiempo. Esto es parte de un proceso llamado **ciclo de la roca**. En este libro seguimos el recorrido de la roca sedimentaria a través del ciclo de la roca.

Estos son cristales de **cuarzo**, que es un mineral muy común de las rocas sedimentarias. Generalmente, el cuarzo es transparente. Estos cristales se han coloreado para que se vean en la fotografía.

¿QUÉ HAY DENTRO DE LA TIERRA?

Se puede ver la roca desnuda en las costas, las montañas y donde se han excavado caminos a través de las montañas. Esta roca es parte de una capa de roca sólida llamada **corteza** terrestre. La corteza es la capa externa de la superficie de la Tierra. Tiene entre 25 y 90 kilómetros (entre 15 y 56 millas) de espesor y se asienta sobre la roca muy caliente de abajo. Esta roca caliente forma una capa de 2,900 kilómetros (1,800 millas) de profundidad, denominada **manto**. Debajo del manto está el núcleo de la Tierra, donde la temperatura alcanza los 5,500 grados Celsius (9,932 grados Fahrenheit).

Este corte esquemático muestra las capas principales del interior de la Tierra. La corteza es muy delgada en comparación con las otras capas.

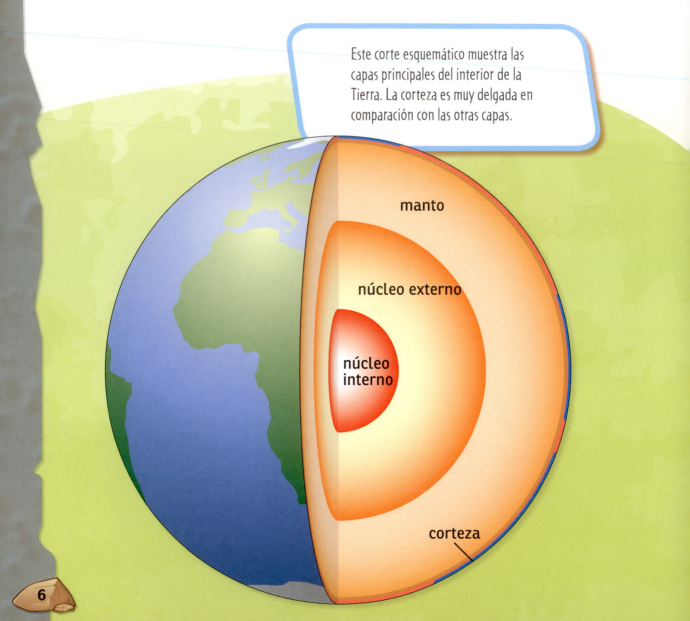

manto

núcleo externo

núcleo interno

corteza

EL CICLO DE LA ROCA

Durante el **ciclo de la roca**, las rocas cambian constantemente. Se forman rocas nuevas todo el tiempo, incluidas las rocas sedimentarias. Las rocas se desplazan a través de la corteza y se pueden destruir o **reciclar** en otras clases de rocas. Estos cambios tienen lugar muy lentamente. Una roca sedimentaria puede tardar millones de años en formarse, completar su recorrido a través de la corteza y luego destruirse, ya sea en la superficie o en las profundidades de la corteza.

¡Cálculos rocosos!

La corteza es una mezcla de los tres tipos diferentes de roca. Aproximadamente el 95 por ciento de la corteza es **roca ígnea**. Mucha de esta roca ígnea está debajo de los océanos. Solo un pequeño porcentaje de la corteza está hecha de **roca metamórfica**.

Se forman nuevas rocas ígneas en la superficie cuando la lava de los volcanes se enfría y se solidifica. Este río de lava está en la isla de Hawái.

¿DE DÓNDE PROVIENE EL SEDIMENTO?

Algunas rocas sedimentarias están compuestas por millones de **partículas** diminutas de roca. El recorrido de la roca sedimentaria comienza donde se forman estas partículas. Otras rocas sedimentarias están hechas de innumerables esqueletos o caparazones de criaturas marinas (ver la página 14).

LAS ROCAS ANTIGUAS SE ROMPEN

Las rocas de la superficie terrestre se rompen debido a los procesos naturales llamados **desgaste** y **erosión**. El desgaste es el modo en que el clima rompe las rocas. Por ejemplo, en los lugares donde hace frío, el agua que se escurre dentro de las grietas de las rocas se expande cuando se congela y ensancha las grietas. En los desiertos, el calor extremo durante el día y el frío extremo de noche hace que las rocas se agranden y se encojan, lo cual las debilita. La erosión tiene lugar cuando el agua que fluye, el viento y los **glaciares** rompen la roca y arrastran las partículas como **sedimento**.

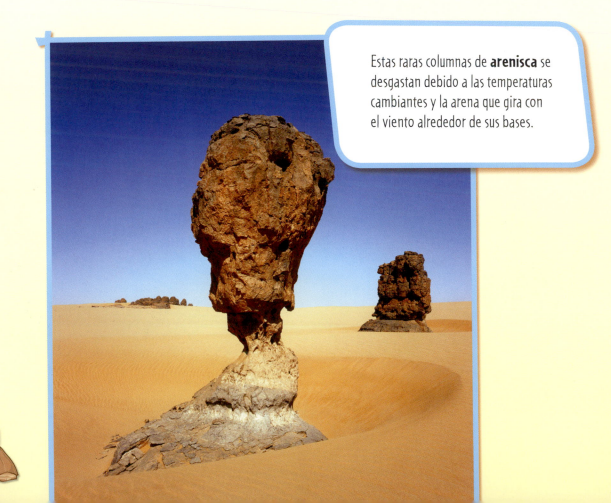

Estas raras columnas de **arenisca** se desgastan debido a las temperaturas cambiantes y la arena que gira con el viento alrededor de sus bases.

¿QUÉ ES EL SEDIMENTO?

Sedimento es el nombre que reciben las partículas de roca transportadas por el agua que fluye, los glaciares y el viento. En un río, hay partículas diminutas que fluyen con el agua y partículas más grandes que se acumulan sobre el lecho del río.

Consejo de ciencias

La próxima vez que cruces el puente de un río o camines por la orilla de un río, busca sedimentos en el río. Si el agua se ve marrón, es que transporta gran cantidad de sedimento. Podrías ver que la corriente ha arrastrado guijarros o rocas más grandes. También podrías ver sedimentos que han quedado en las orillas del río.

A menudo se pueden ver acantilados de **piedra caliza** desgastada a lo largo de una costa.

¿CÓMO SE FORMAN LAS ROCAS SEDIMENTARIAS?

El **sedimento** que transportan los ríos o **glaciares**, o que vuela con el viento, con el tiempo se detiene. Se acumula y forma capas, que también se llaman sedimentos. Generalmente, el agua o el viento se llevan una vez más los sedimentos, pero a veces otros sedimentos los entierran. Esa es la próxima etapa en el recorrido: cuando las rocas sedimentarias comienzan a formarse.

LOS SEDIMENTOS SE DEPOSITAN

Cuando el agua de un río que transporta **partículas** fluye más lentamente, las partículas se asientan en el fondo del río y forman capas de sedimento. Los sedimentos se forman sobre el lecho del río y el lecho marino en la desembocadura de los ríos grandes. Los sedimentos también se forman en las playas y en los bancos de arena. En los desiertos, los sedimentos que se lleva el viento se acumulan y forman dunas de arena.

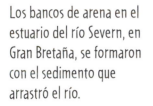

Los bancos de arena en el estuario del río Severn, en Gran Bretaña, se formaron con el sedimento que arrastró el río.

DE SEDIMENTOS BLANDOS A ROCA SÓLIDA

Cuando los sedimentos quedan enterrados profundamente debajo de otros sedimentos, el agua es expulsada y las partículas se adhieren con más fuerza. Al mismo tiempo, las sustancias químicas del agua forman **cristales** entre las partículas, que las unen como un pegamento. El resultado es roca sedimentaria nueva.

Con frecuencia, los sedimentos suelen quedar en el lecho marino, en la desembocadura de los ríos, y así forman terrenos nuevos llamados deltas. Este es el delta del río Misisipi, en Misisipi.

Las profesiones y las rocas

Un **geólogo** es un científico que estudia cómo se forman las rocas, cómo se modifican y cómo conforman la Tierra. Algunas tareas que realizan los geólogos están relacionadas con las rocas sedimentarias. Por ejemplo, algunos geólogos estudian los sedimentos, otros estudian los **fósiles** y algunos buscan petróleo y gas en las rocas (ver las páginas 14 y 15).

CAPAS DE ROCAS SEDIMENTARIAS

Puedes ver diferentes capas de sedimentos en los acantilados formados por rocas sedimentarias. Las diferentes capas se forman cuando partículas de diferentes formas o tamaños se depositan unas sobre las otras. Por ejemplo, una capa de partículas más grandes podría asentarse sobre una capa de partículas más pequeñas. Las rocas sedimentarias más nuevas siempre se forman sobre las rocas más antiguas.

En el Gran Cañón, en Arizona, se pueden ver capas de rocas sedimentarias llamadas **arenisca** y **piedra caliza** que están a más de 2 kilómetros (casi una milla y media) de profundidad.

Las rocas sedimentarias del Gran Cañón se formaron entre 550 y 250 millones de años atrás.

ROCAS DE ANIMALES Y PLANTAS

Algunas rocas sedimentarias no están hechas de partículas de rocas más antiguas. Están formadas de esqueletos y caparazones de criaturas marinas y a veces de restos de plantas. Cuando los animales mueren, sus caparazones y esqueletos se hunden hasta el fondo del mar. Con el transcurso de millones de años, los sedimentos se acumulan en las profundidades y los sedimentos enterrados se convierten en rocas.

Otras rocas sedimentarias se forman cuando el agua que contiene **minerales se evapora** (se seca). Por lo tanto, estas rocas se denominan evaporitas. La evaporación permite que los cristales de los minerales aumenten de tamaño. Así es como se forma la sal de roca.

Consejo de ciencias

Una zona costera es un buen lugar para buscar capas de rocas sedimentarias. Muchos acantilados están hechos de rocas sedimentarias y con frecuencia puedes ver capas con partículas de diferentes colores o tamaños. La arena y los guijarros de una playa pueden estar compuestos de rocas **erosionadas** del acantilado de arriba.

Los acantilados blancos de Dover, en Inglaterra, están hechos de creta, que está compuesta por millones de esqueletos microscópicos.

FÓSILES EN LAS ROCAS SEDIMENTARIAS

Los fósiles son los restos de plantas y animales que vivieron hace miles o millones de años. Los fósiles se forman cuando los animales o las plantas que mueren quedan enterrados en capas de sedimentos que gradualmente se transforman en roca. Los fósiles son una fuente importante de información acerca de las plantas y los animales que vivieron en el pasado.

Los fósiles de plantas se forman cuando la materia vegetal queda enterrada. En el caso de los animales, el esqueleto o el caparazón queda en la roca y es reemplazado por minerales nuevos a medida que se forma la roca, de lo contrario queda un agujero en la roca. Algunos tipos de piedra caliza (una roca sedimentaria) están compuestos completamente de caparazones y esqueletos de animales marinos.

Estos arqueólogos están excavando para sacar el esqueleto fosilizado de un dinosaurio, en Canadá. Hace decenas de miles de años, el dinosaurio quedó enterrado en el sedimento.

¿QUÉ SON LOS COMBUSTIBLES FÓSILES?

El carbón, el petróleo y el gas se denominan combustibles fósiles. Están hechos con los restos de plantas y animales que quedaron enterrados en los sedimentos hace millones de años. El carbón está compuesto por restos de plantas fosilizadas. El petróleo y el gas provienen de los restos de **plancton** (seres vivos similares a las plantas) y algas que se transformaron debido al calor y a la **presión** de las profundidades de la tierra. Están atrapados en los espacios diminutos entre las partículas de las rocas sedimentarias.

Las profesiones y las rocas

La geofísica es la ciencia que se ocupa de detectar la estructura de las rocas subterráneas profundas. Los geólogos físicos utilizan equipo especial en su trabajo, por ejemplo, máquinas que envían ondas sonoras al interior de la Tierra y detectan las ondas que rebotan contra las diferentes rocas. Muchos geólogos físicos trabajan en la industria petrolera, buscando las rocas que podrían estar llenas de petróleo y gas.

El petróleo y el gas están atrapados en las capas de roca sedimentaria. La perforación de la roca libera petróleo y gas.

pozo de petróleo

eje de la perforadora

gas

petróleo

capas de roca

agua

petróleo

gas

¿QUÉ TIPOS DE ROCAS SEDIMENTARIAS HAY?

Aquí te presentamos algunos ejemplos de rocas sedimentarias:

La *arenisca* está hecha de **granos** de arena adheridos. Tiene una textura áspera, como el papel de lija. Los granos son redondos y están compuestos principalmente por el **mineral cuarzo**.

La *arenisca de grano grueso* es similar a la arenisca, pero sus **partículas** son más grandes y no son redondas, así que se siente más rugosa al tacto.

La *argilita* está hecha de partículas pequeñas de roca que son demasiado pequeñas para poder verlas sin un microscopio. Es negra, gris, roja o verde y es muy quebradiza.

La **arcilla** tiene partículas sumamente diminutas, que son demasiado pequeñas incluso para verlas con un microscopio. La arcilla se ablanda y es fácil de romper cuando está mojada.

El *conglomerado* está compuesto por una mezcla de rocas redondas de diferentes tamaños, tales como guijarros, peñascos y arena.

Las *piedras calizas* están compuestas principalmente por caparazones y *fósiles*. Por ejemplo, la piedra caliza conchífera está hecha de caparazones pequeños. La creta es un tipo de piedra caliza hecha de pedazos diminutos de calcita (un mineral). La calcita está hecha de **plancton** y cae al fondo del mar cuando el plancton muere.

Esta es una muestra de arenisca, que es una roca sedimentaria. Se puede ver la textura rugosa de la roca.

Identificar las rocas sedimentarias

Generalmente, las rocas sedimentarias son más opacas que brillantes y no tienen **cristales**. Suele ser fácil extraer granos de ellas. Además, cualquier roca con fósiles normalmente es una roca sedimentaria. Usa la tabla que aparece a la derecha para ayudarte a identificar cada roca sedimentaria.

Roca	Grano	Color	Dureza
arenisca	mediano	rojo/marrón	dura
argilita	fino	negro/gris /rojo/verde	dura
arcilla	fino	rojo/marrón	blanda
conglomerado	mezclado	rojo/marrón	mediano
piedra caliza conchífera	mediano con caparazones	marrón/gris	mediana
creta	fino	blanco	blanda

Esta roca de aspecto raro es un tipo de piedra caliza llamada coquina. Está compuesta principalmente por los caparazones de animales marinos, como los caracoles.

ESTALACTITAS Y ESTALAGMITAS

Si alguna vez visitaste una caverna, quizás hayas visto puntas rocosas. Están formadas por un tipo de piedra caliza, una roca sedimentaria. La piedra caliza está **disuelta** en el agua que gotea desde el techo de la caverna. Cuando el agua se evapora, queda la piedra caliza que aumenta de tamaño y forma **estalactitas**, que cuelgan del techo, y **estalagmitas**, que se forman desde el suelo hacia arriba. El travertino es similar. Se forma alrededor de los manantiales termales, donde el agua caliente sale de la tierra.

¿CÓMO SABEMOS LA EDAD DE LAS ROCAS SEDIMENTARIAS?

Con frecuencia, los **geólogos** necesitan averiguar la edad de las rocas. Por ejemplo, la edad de un pedazo de piedra caliza conchífera es una clave para un geólogo que intenta reconstruir el recorrido que ha realizado la piedra caliza.

Los fósiles que se encuentran en una roca sedimentaria pueden indicar la edad de la roca. La razón de esto es que diferentes animales han vivido en la Tierra en diferentes épocas del pasado, y los geólogos tienen un registro de qué fósiles provienen de cada época.

Las estalactitas de piedra caliza como estas tardan miles de años en formarse, a medida que caen gotas de agua desde el techo de la caverna.

Otra manera de saber la edad de algunas rocas sedimentarias se denomina datación radiométrica. Se basa en el hecho de que, con el tiempo, algunos tipos de **átomos** se convierten en otros tipos de átomos. (Este proceso se denomina desintegración radiactiva.) Para calcular la edad de una muestra, se mide la cantidad que contiene de varios tipos de átomos.

Los geólogos también saben que en los lugares donde una capa de roca sedimentaria se asienta arriba de otra, la roca que está más arriba es más joven. Esto se debe a que su sedimento debe haberse depositado arriba de roca ya existente más antigua.

LÍNEA CRONOLÓGICA GEOLÓGICA

Con frecuencia, se indica la edad de las rocas sedimentarias para describirlas. Su edad se describe por medio del período de tiempo en el que se formaron.

Período

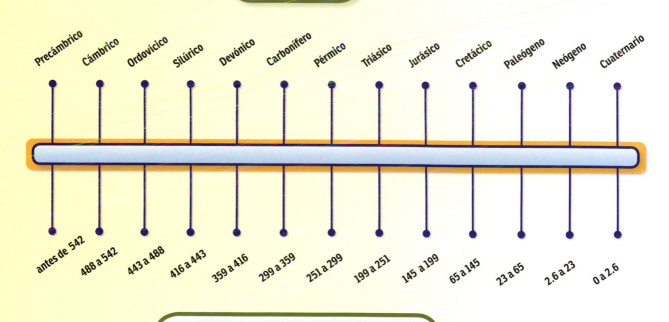

Precámbrico	Cámbrico	Ordovícico	Silúrico	Devónico	Carbonífero	Pérmico	Triásico	Jurásico	Cretácico	Paleógeno	Neógeno	Cuaternario
antes de 542	488 a 542	443 a 488	416 a 443	359 a 416	299 a 359	251 a 299	199 a 251	145 a 199	65 a 145	23 a 65	2.6 a 23	0 a 2.6

Fechas (millones de años atrás)

¿PARA QUÉ SE USAN LAS ROCAS SEDIMENTARIAS?

Las rocas sedimentarias son materiales útiles. Los constructores hacen paredes, tejas y baldosas de **arenisca**, arenisca de grano grueso y **piedra caliza**. Los jardineros también decoran los jardines con ellas. Estas rocas son resistentes, aunque algunas clases de arenisca y piedra caliza no son apropiadas para la construcción porque el **desgaste** las afecta fácilmente.

La piedra caliza triturada se utiliza para fabricar concreto y pavimentar caminos. Cuando la piedra caliza triturada se calienta, se convierte en un material llamado cal. La cal es un ingrediente del cemento, que a su vez se utiliza para fabricar concreto.

Este artesano está modelando arcilla para fabricar una vasija. La arcilla es una roca sedimentaria blanda hecha de **partículas** muy pequeñas de roca.

LAS ROCAS SEDIMENTARIAS EN EL PASADO

Hace decenas de miles de años, las personas fabricaban herramientas simples de pedernal. Hay trozos de pedernal en la creta. El pedernal se astilla con facilidad y las astillas suelen tener bordes filosos. Por eso el pedernal se utilizaba para fabricar cuchillos sencillos, hachas y puntas de flecha para cazar y cortar la carne.

La **arcilla** se ha empleado durante más de 10,000 años para fabricar vasijas y ladrillos. Las pirámides del antiguo Egipto estaban recubiertas de piedra caliza.

Las profesiones y las rocas

Un picapedrero es alguien que corta la roca y labra los pedazos para utilizarlos en edificios y esculturas. Los picapedreros deben tener mucha destreza y paciencia para labrar la roca con precisión sin cometer errores. Hoy en día, los picapedreros suelen preparar pedazos de piedra nuevos con los que reparan edificios muy antiguos, incluidas las grandes catedrales de Europa, como Nôtre Dame, en París.

Estos puñales de pedernal se fabricaron hace miles de años. Se puede ver dónde se astilló el pedernal.

¿DURAN PARA SIEMPRE LAS ROCAS SEDIMENTARIAS?

Ahora hemos llegado a la etapa final del recorrido de las rocas sedimentarias. Las rocas sedimentarias pueden durar muchísimo tiempo. Por ejemplo, una **piedra caliza** que hoy se **erosiona** en la cima de una montaña podría haberse formado en el fondo de un océano hace 100 millones de años. Pero sin importar qué les suceda, las rocas sedimentarias no duran eternamente. Con el tiempo, se destruyen o se transforman en otras rocas.

DÓNDE SE DESTRUYEN LAS ROCAS SEDIMENTARIAS

La **corteza** de la Tierra está dividida en muchos pedazos enormes llamados **placas tectónicas**. En algunos lugares donde las placas se juntan, una placa se desliza debajo de la otra. La placa se hunde en el **manto**. Todas las rocas sedimentarias de esa placa se destruyen. Con el paso del tiempo, los **minerales** de la placa pueden transformarse de nuevo en **roca ígnea** en el interior de los **volcanes**.

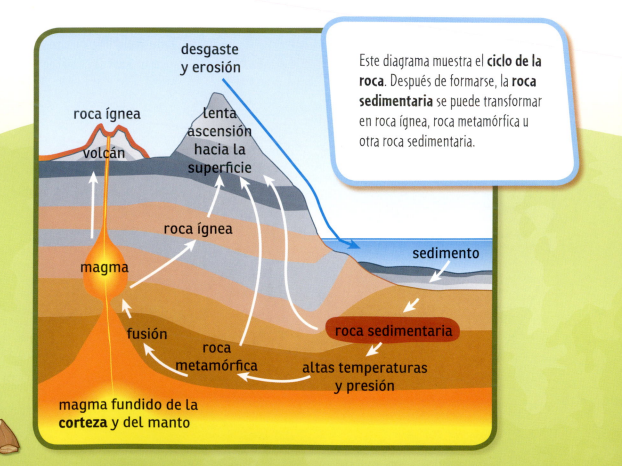

desgaste y erosión

roca ígnea

lenta ascensión hacia la superficie

volcán

roca ígnea

magma

fusión

roca metamórfica

altas temperaturas y presión

roca sedimentaria

sedimento

magma fundido de la **corteza** y del manto

Este diagrama muestra el **ciclo de la roca**. Después de formarse, la **roca sedimentaria** se puede transformar en roca ígnea, roca metamórfica u otra roca sedimentaria.

Otras rocas sedimentarias pueden ser empujadas hacia arriba y entrar en la corteza. Cuando las rocas que tienen arriba se desgastan, las rocas sedimentarias llegan a la superficie. Después, estas rocas también se erosionan. Luego, las **partículas** de roca pueden formar nuevas rocas sedimentarias.

Aquí se ven dos placas tectónicas acercándose. Las rocas sedimentarias del fondo del mar se pliegan y destruyen debido al movimiento de las placas.

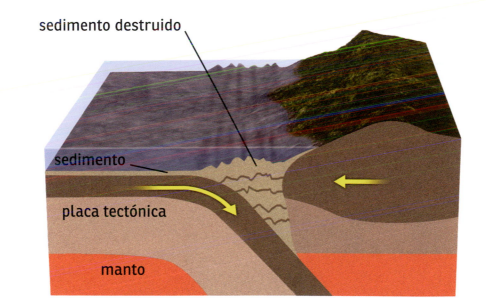

sedimento destruido

sedimento

placa tectónica

manto

DE SEDIMENTARIA A METAMÓRFICA

A veces, las rocas sedimentarias se transforman en rocas metamórficas. Esto sucede de dos maneras. Primero, las rocas sedimentarias se transforman cuando las calienta el **magma** que fluye cerca. Segundo, se transforman al comprimirse en las profundidades de la tierra. Esto normalmente sucede cuando las montañas son empujadas hacia arriba por dos placas tectónicas que chocan entre sí. Algunos ejemplos de rocas metamórficas que se forman a partir de rocas sedimentarias son la pizarra y una roca llamada **esquisto**, ambas formadas a partir de la lutita, y el **mármol**, que se forma de la piedra caliza.

La roca sedimentaria se transforma en roca metamórfica cuando el magma candente fluye a través de ella.

roca original sin cambios

la roca más cerca del magma cambió más

la roca más lejos del magma cambió menos

magma

LA FORMACIÓN DE CAVERNAS

Las cavernas de piedra caliza se forman debido al agua de lluvia que lentamente disuelve la piedra caliza. El agua se escurre dentro de las grietas de la roca. En los bordes de las grietas, la roca se disuelve y las grietas se ensanchan. A lo largo de miles de años, las grietas se convierten en cavernas y pasajes a través de la roca. Las cavernas de piedra caliza con frecuencia contienen formaciones rocosas sorprendentes, tales como **estalactitas** y **estalagmitas** (ver la página 18). El techo de las cavernas a veces colapsa y se forman extraños paisajes de torres de piedra caliza.

Biografía

William Smith (1769–1839) fue un ingeniero y geólogo inglés. Mientras excavaba **canales** en Inglaterra, Smith notó que las mismas capas de roca sedimentaria aparecían en diferentes lugares. Se dio cuenta de que estas capas de roca, quizás a cientos de millas de distancia, debieron formarse al mismo tiempo. Smith continuó investigando y trazó el primer **mapa geológico** de las islas británicas.

Esta área llana y rocosa está hecha de piedra caliza. En ella se formaron surcos profundos cuando la lluvia disolvió la roca.

¿ESTAMOS DAÑANDO LAS ROCAS SEDIMENTARIAS?

Las personas han empleado rocas sedimentarias durante decenas de miles de años y las rocas sedimentarias son aún hoy un recurso importante para nosotros. Cuando las rocas se encuentran cerca de la superficie, las sacamos de las **canteras**, lo cual destruye las rocas naturales y crea hoyos profundos. Las canteras son feas, pero lo más importante es que extraer las rocas genera ruido y **contaminación**.

En las montañas, los caminantes y senderistas pueden **erosionar** fácilmente las rocas sedimentarias. La **lluvia ácida**, que es lluvia convertida en ácido debido a la contaminación del aire, también puede dañar las rocas.

No es probable que la apertura de canteras y la **erosión** detengan alguna vez el movimiento de las rocas sedimentarias a través del **ciclo de la roca**. Aun así, debemos tratar de no dañar las rocas sedimentarias, pues son parte de nuestro medio ambiente natural.

En Nueva York, la lluvia ácida ha destruido los detalles de estas estatuas de **piedra caliza**.

FIN DEL RECORRIDO

Hemos completado nuestro recorrido de las rocas sedimentarias. El recorrido comenzó con las rocas de la superficie de la Tierra que se erosionaron y formaron **partículas** rocosas, o con los restos de los organismos marinos. Las partículas o los restos formaron capas de **sedimento**. Capa tras capa de sedimento se fueron apilando y comprimiendo, hasta que, muy lentamente, se convirtieron en roca sólida.

Todo el recorrido de la roca sedimentaria que hemos seguido es parte del ciclo de la roca. Este ciclo ocurre desde que se formó la Tierra, hace 4.5 mil millones de años, y continuará durante los próximos miles de millones de años.

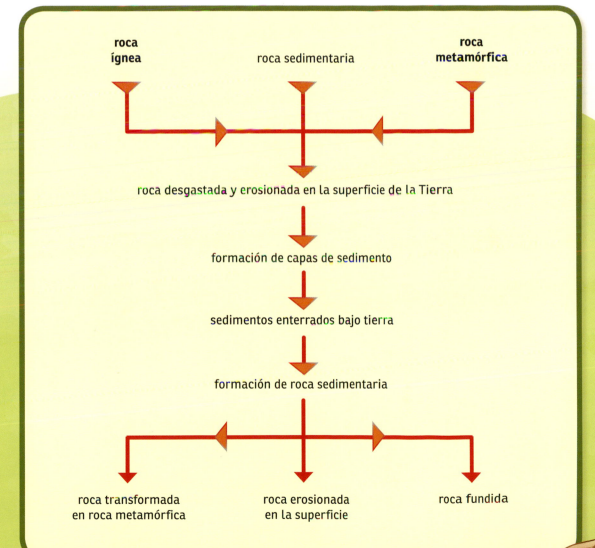

¡HAZ TU PROPIO SEDIMENTO!

A continuación te proponemos un experimento sencillo que te ayudará a comprender el recorrido de las rocas sedimentarias que hemos seguido a lo largo de este libro. Antes de intentar llevar a cabo el experimento, lee las instrucciones, reúne los materiales que necesitarás y prepara el área donde trabajarás.

Debes pedirle permiso a un adulto antes de comenzar este experimento.

MATERIALES:

- dos bandejas viejas
- arena de patio
- una jarra
- agua

PROCEDIMIENTO:

1. Desparrama unos puñados de arena sobre una de las bandejas y salpica agua sobre la arena hasta humedecerla.

2. Apoya un extremo de la bandeja sobre otra bandeja (de tal manera que se traslapen). Alza unas pocas pulgadas el otro extremo de la primera bandeja.

3. Vierte agua lentamente sobre la primera bandeja. ¿Qué sucede con la arena?

El agua que fluye en la bandeja de arriba arrastra las **partículas** de roca que hay en la arena. Las transporta a la bandeja de abajo. Aquí, el agua fluye más lentamente y las partículas se asientan en el fondo del agua y dejan de fluir. Se acumulan en capas de **sedimento**. Puedes ver cómo el agua que fluye transporta las partículas de roca y crea sedimentos que forman roca sedimentaria.

GLOSARIO

ácido sustancia, normalmente líquida, que puede dañar las cosas que toca si es muy fuerte

arcilla roca sedimentaria común que es blanda y tiene granos muy finos

arenisca roca sedimentaria común formada por granos de arena que se han adherido

átomo la partícula más pequeña de materia química que existe

canal vía fluvial artificial

cantera sitio de donde se sacan grandes cantidades de roca de la tierra

ciclo de la roca formación, destrucción y reciclaje constantes de las rocas en la corteza terrestre

contaminación sustancias dañinas que se liberan en el aire, el agua o el suelo

corteza capa rocosa de la superficie terrestre

cristal pedazo de material en el que los átomos están organizados en columnas e hileras ordenadas

cuarzo mineral duro que suele hallarse en forma de cristales

desgaste fragmentación de las rocas debido a los factores climáticos, como las temperaturas extremas

disolver mezclar completamente con un líquido

erosión desgaste de las rocas producido por el agua que fluye, el viento y los glaciares

erosionar desgastar

esquisto roca metamórfica común de grano mediano

estalactita roca larga y en punta que cuelga del techo de una caverna

estalagmita roca larga y en punta que crece desde el suelo de una caverna

evaporar proceso de transformación de un líquido en gas

fósil restos de una planta o animal antiguos que se hallan en la roca sedimentaria

fundido derretido

geólogo científico que estudia las rocas y el suelo que forman la Tierra

glaciar río de hielo que fluye lentamente cuesta abajo por una cordillera

grano partículas de una roca (las partículas pueden ser cristales o pedacitos de roca)

magma roca fundida debajo de la corteza terrestre

manto capa muy profunda de roca ardiente debajo de la corteza terrestre

mapa geológico mapa que muestra qué rocas forman la superficie de la Tierra

mármol roca metamórfica formada de la roca sedimentaria de piedra caliza

mineral sustancia que está presente de forma natural en la Tierra, como el oro y la sal

núcleo parte central de la Tierra

partícula pedazo pequeño de material

piedra caliza roca sedimentaria común compuesta por el mineral calcita, que puede provenir de caparazones y esqueletos de animales marinos

placa tectónica una de las piezas gigantes en las que está fragmentada la corteza de la Tierra

plancton plantas y animales marinos microscópicos

presión fuerza o peso que aprieta o comprime una cosa

reciclar convertir una cosa en algo nuevo

roca ígnea roca formada cuando el magma (roca fundida) se enfría y se solidifica

roca metamórfica roca que se forma cuando las rocas se transforman por la acción del calor o de la presión

sedimento partículas rocosas formadas por el desgaste y la erosión o por los restos de plantas o animales marinos

volcán apertura en la superficie terrestre a través de la cual se escapa el magma desde las profundidades

APRENDE MÁS

LECTURA ADICIONAL

Faulkner, Rebecca. *Sedimentary Rock* (Geology Rocks!). Chicago: Raintree, 2008.

National Geographic. *Rocas y minerales* (Los exploradores de National Geographic). Miami: Santillana USA Publishing Company, 2006.

Pellant, Chris. *Rocas y fósiles*. Madrid: Edelvives, 2006.

SITIOS WEB

Mira animaciones de cómo se forman las rocas en este sitio web del Instituto Franklin: **www.fi.edu/fellows/fellow1/oct98/create**

Halla mucha información sobre las rocas y los minerales, así como enlaces a otros sitios web interesantes, en este sitio: **www.rocksforkids.com**

LUGARES PARA VISITAR

American Museum of Natural History
Central Park West en 79th Street
New York, New York, 10024-5192
Tel: (212) 769-5100
www.amnh.org
Visita una colección grande y fascinante de rocas, minerales y fósiles.

The Field Museum
1400 S. Lake Shore Drive
Chicago, Illinois 60605-2496
Tel: (312) 922-9410
www.fieldmuseum.org
Mira las exposiciones fascinantes de rocas, minerales y fósiles de todo el mundo.

ÍNDICE